¡FESTIVIDADES!

EL PÉSAJ

por Lily Austen

TABLA DE CONTENIDO

PALABRAS A SABER

cantamos

comemos

familia

leemos

matzá

rezamos

PÉSAJ

Vemos a una familia.

Leemos.

Aprendemos.

Rezamos.

Cantamos.

Comemos matzá.

Comemos bolitas de matzá.

¡Estamos juntos!

¡REPASEMOS!

Pésaj es en la primavera. Dura muchos días. Celebra la libertad del pueblo judío. ¿Cómo está celebrando esta familia?

ÍNDICE